खामोश लम्हे

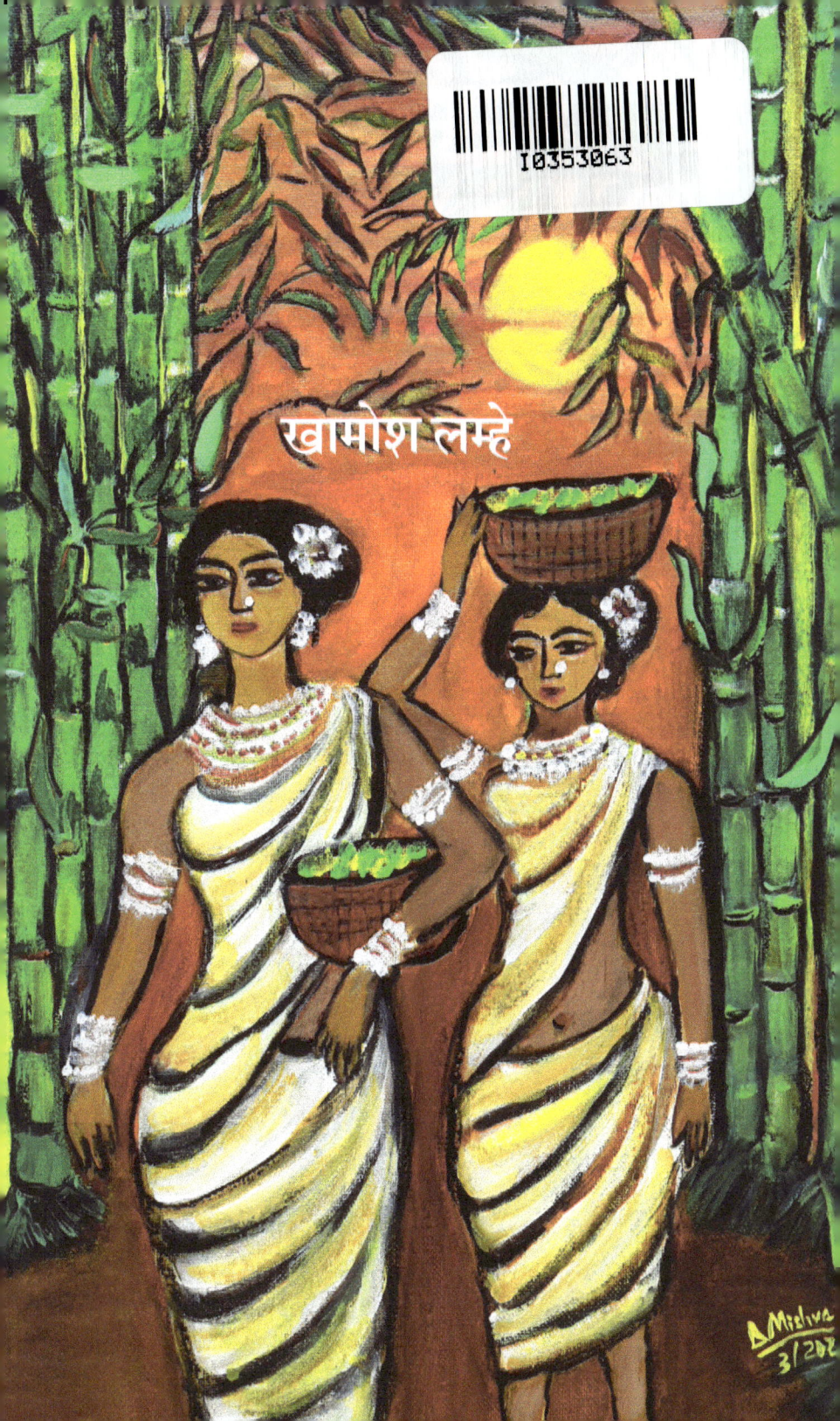

खामोश लम्हे

दीप्ति मिश्रा

ब्लैक ईगल बुक्स
भुबनेश्वर, इण्डिआ
BLACK EAGLE BOOKS
Dublin, USA

खामोश लम्हे / दीप्ति मिश्रा
प्रकाशक: ब्लैक ईगल बुक्स

 BLACK EAGLE BOOKS

USA address:
7464 Wisdom Lane
Dublin, OH 43016

India address:
E/312, Trident Galaxy, Kalinga Nagar,
Bhubaneswar-751003, Odisha, India

E-mail: info@blackeaglebooks.org
Website: www.blackeaglebooks.org

First International Edition Published by
BLACK EAGLE BOOKS, 2023

KHAMOSH LAMHE
by **Dipty Mishra**

Copyright © **Dipty Mishra**

All rights reserved. No part of this publication may be reproduced, stored in a retrieval system, or transmitted, in any form or by any means, electronic, mechanical, photocopying, recording or otherwise without the prior permission of the publisher.

Cover & inner art : **Dipty Mishra**
Cover and Interior Design: Ezy's Publication

ISBN- 978-1-64560-390-0 (Paperback)

Printed in the United States of America

समर्पण

मेरे जीवन साथी श्री प्रशांत कुमार मिश्रा जी की प्रेरणा, मार्गदर्शन एवं अखंड सहयोग के बिना इस पुस्तक का प्रकाशन संभव नहीं था, यह छोटा सा प्रयास उन्हीं को समर्पित है।

— दीप्ति मिश्रा

अभिमत

त्रिभाषाबिद, साहित्यान्वेषी, कवयित्री एवं कुशल चित्रकार श्रीमती दीप्ति मिश्रा का यह हिंदी भाषा में प्रथम काव्य संकलन है। दीप्ति जी उड़िया, हिंदी एवं इंग्लिश भाषाओंमें विगत कई वर्षों से समानाधिकार से लेखन कर रही हैं।

श्रीमती दीप्ति मिश्रा ने अपने देहरादून प्रवास में अनन्या नामक हिंदी पत्रिका का अवतरण, लेखन, संपादन एवं संचालन भी किया है। अनन्या पूर्णत: महिलाओं द्वारा लिखित, प्रकाशित एवं संपादित पत्रिका है। उन्हीं के मार्गदर्शन एवं अथक प्रयासों से ही 'अनन्या' का पत्रिका रूप में उद्भव हुआ। महिला सशक्तिकरण, महिलाओं के प्रतिभा संबर्धन के लिए उन्होंने सराहनीय कार्य किये हैं। निम्न आजीविका वर्ग की महिलाओं के जीवन में समभाव, शिक्षा, स्वास्थ्य, स्वच्छता के लिए कई उल्लेखनीय कार्य भी उन्होंने किये हैं। बालक-बालिकाओं में सर्वांगीण विकास एवं प्रतिभा संवर्धन के लिए विभिन्न आयोजनों के द्वारा विशेष प्रयास किये हैं।

प्रकृति, परमतत्व, आध्यात्मिक रहस्यबाद, पारंपरिक संस्कार, रिश्तों के एहसास, वात्सल्यभाव, नारी सशक्तिकरण एवं समाज का समसामयिक उल्लेखन एवं देशप्रेम उनकी कविताओं के विषय है। उनकी रचनाओं में परमात्मा के प्रति आत्मनिवेदन, जीवन के शाश्वत प्रश्नों के समाधान एवं परम सत्ता में विसर्जन की अभिलाषा है। आवाहन, अटूट रिश्ता, प्यास अदि कविताओं में बार -बार इसका उल्लेख है -

"...या फिर अनंत काल हो तुम उसमें बस एक क्षण है हम।
अनंत सागर हो तुम बस एक बून्द ही हैं हम,
तुमसे उभरते हैं तुममें समा जाते हैं।
मिटता नहीं ये रिश्ता कभी, अंतहीन है।..."

उपर्युक्त पंक्तियों में परमात्मा के शाश्वत मिलन एवं परमात्मा के विराट स्वरुप वर्णन, उसमें विलय की अभिलाषा मुखर है।

“आसान नहीं है विशाल बनना, मौत को मात मात देना।
प्रकाश की राह पर चलकर दूसरों को सही दिशा देना।।”

“कुछ तो खास है इन सर्द हवाओं में,
जब मुझे चुपके से छूकर निकल जाती हैं
तो यूँ लगता है,
कि जैसे बचपन की कोई सहेली मुझे छेड़ रही है।”

इन पंक्तिओं में कवयित्री ने प्रकृति के सौंदर्य एवं संबेदना को मानवीय रूप दिया है। मेरा देश, पुकार अदि रचनाओं में समसामयिक चिंतन है। ‘परदेश ’ कविता हरेक हृदय को छूने में सक्षम है। इसमें विदेश में बसे नवयुवकों एवं उनके अभिभावकों की पीड़ा एवं द्वंद्व है। गुड़िया के लिए लोरी एवं मुन्ने के लिए लोरी अदि रचनाएँ वात्सल्य भाव का सृजन है।

महान कवयित्री महादेवी वर्मा का कथन - मेरे गीत मेरे आत्मनिवेदन मात्र है, उनके विषय में कुछ कहना मेरे लिए संभव नहीं। इन्हें में अपनी अकिंचन भेंट के अतिरिक्त कुछ नहीं मानती। ऐसा ही कुछ भाव कवयित्री की रचनाओं के विषय में कह सकते है। मातृभाषा उड़िया का सहज अभाव यदा-कदा उनके वाक्य-विन्यास और शब्दों के चयन में झलकता है। सृजन के लिए अनुभूति एवं अभिवक्ति आवश्यक है। इसी अनुभूति की अभिवक्ति को काव्य संग्रह के रूप में प्रकाशित किया जा रहा है।

कविताओं के साथ श्रीमती दीप्ति मिश्रा की चित्र कलाकृतियां (पेंटिंग्स) भी काव्य संग्रह में संग्लग्न है। रेखाओं में जीवन के विविध रस एवं प्रकृति के विभिन्न रूप प्रतिबिंबित हो उठते हैं। जो उन्होंने विभिन्न समय, मूड में उकेरी हैं। भावों, शब्दों एवं रेखाओं की अभिवक्ति यह कृति अब सुधि पाठकों के समक्ष्य है। सरल -सुबोध रचनाएँ पहले संकलन में ही सबका ध्यान आकर्षित कर रही हैं तथा भबिष्य में और अच्छी रचनाओं की सम्भाबना है। कवयित्री के उज्जल भबिष्य की शुभकामना करती हूँ। आशा है प्रस्तुत संग्रह, ‘खामोश लम्हे’ साहित्य जगत को सुगंधित करेगा एवं दीप्ति जी के प्रयासों एवं चिंतन को नया आयाम प्रदान करेगा।

डॉ. मन्दाकिनी श्रीमाली
डी.लिट् (दर्शन)

अपनी बात

हिंदी मेरी मातृभाषा नहीं है न ही मुझे उसमे कोई महारत (डिग्री) हासिल है। परन्तु हिंदी भाषा के समृद्ध साहित्य, बिबिधता और उपयोगिता ने मुझे इस भाषा की और हमेशा आकर्षित किया है।

ये तो एक संयोग ही था कि बचपन में पिताजी की दिल्ली पोस्टिंग के दौरान हिंदी बोलना और पढ़ना मेरी दैनिक जरूरत बन गयी थी। उन दिनों मुझे कुछ समय के लिए एक हिंदी मीडियम स्कूल में दाखिला लेना पड़ा था। तब पाठ्यक्रम मे शामिल महान हिंदी कवियत्री श्रीमती सुभद्रा कुमारी चौहान की 'झाँसी वाली रानी' कविता ने मुझे बहुत प्रभाबित किया था और हिंदी साहित्य के प्रति आकर्षित किया था। पर ओडिशा लौटने के बाद गुजरते वक्त के साथ हिंदी मेरे लिए सिर्फ सिनेमा जगत तक सिमित रह गयी। परन्तु हिंदी कविता, शेर और ग़ज़ल मेरे लिए हमेशा आकर्षण की बिंदु बनी रही।

संयोग से पतिदेव के भारतसरकार (ICAR) की नौकरी की बजह से हमें कई वर्ष ओडिशा राज्य के बाहर रहना पड़ा और आखरी में ६.५ साल के लिए IISWC, देहरादून, उत्तराखंड में डायरेक्टर की पद पर उनका नियुक्ति हुई। इस कारण मुझे भी उत्तराखंड में रहने का अबसर मिला। वह ६.५ साल मेरे लिए बहुत ही यादगार समय रहा। उस दौरान कॉलोनी की महिलाओं की द्वारा सुरु की गयी 'अनन्या' नाम की एक द्विभाषी (हिंदी, अंग्रेजी) पत्रिका का प्रकाशन और संपादन करने का अबसर मिला तो मुझे हिंदी में लिखने की जरूरत महसूस हुई। तब डॉ. श्रीमती मन्दाकिनी श्रीमाली जी ने सह सम्पादिका की नाते पत्रिका संपादन में बहुत अहम् योगदान दिए। हिंदी भाषा और दर्शनशास्त्र में उनका गभीर ज्ञान पत्रिका की गुणबत्ता को बढ़ने में बहुत उपयोगी रहा। मेरा सौभाग्य है की उन्होंने मेरे इस छोटी सी पुस्तक

की रचनाओं को पढ़के उनमे भाषागत सुधार लाने की कष्ट किया। मैं उनके इस सहयोग के लिए सदैब आभारी रहूंगी।

     सहज, सरल बोलेजाने वाली भाषा के अतिरिक्त, हिंदी साहित्य में मेरा ज्ञान बहुत सीमित है। आशा है पाठक इस बात को ध्यान में रखकर मेरी कविताओं को समझने की कोशिश करेंगे। मेरी कवितायें मेरे अंतर्मन की अभिव्यक्ति है। कुछ अनुभूति, कुछ स्मृति थोडी सी काल्पनिक, कुछ अभिलाषा, ये सबका मिलाजुला एक चित्र है। जीवन के उतार- चढ़ाव में, समय और उम्र का हिसाब रखना कभी-कभी मुश्किल लगता है। पर कुछ ऐसे वक्त और घटनाएं (निजी व सामाजिक) होती हैं जो दिल पर गहरा छाप छोड़ जाती हैं। मेने उन्हीं अनुभूतिओं को शब्द में कैद करने की कोशिश की है। पुस्तक में मेरे स्वयं के द्वारा बनायी हुयी कुछ चित्र भी शामिल है आशा है ये छोटी सी पुस्तक 'खामोश लम्हे' पाठकों के मनोरंजन करने में समर्थ होगी।

- दीप्ति मिश्रा

अनुक्रमाणिका

प्यास	15
अटूट रिश्ता	19
वापसी	23
भूली बिसरी यादें	27
जिंदगी एक उलझन	31
कोशिश	35
देहरादून एक प्रेम कथा	41
आवाहनी	45
परदेशी	49
धोखे का सफर	53
तुम होते तो	57
सवाल	61
दर्द	65
कुछ लम्हो की कहानी	65
रिश्ता	73
उजड़ा हुआ चमन	77
मेरा देश	81
तन्हाई	86
सीख	89
पुकार	93
एक किस्सा प्यार का	97
गम की बात अब रहने दो	101
बदलाव	105
गुड़िया के लिए लोरी	109
मुन्ने के लिए लोरी	113

प्यास

प्यासे हैं ये नयन एक झलक पाने को
क्यों छुपते रहते हो हमसे बारबार
हर बार लौट जाते हैं हम निराश होकर।

ना देखा कभी ना जाना तुम्हें
फिर क्या तलाशती रहती है ये आत्मा ?
क्या कोई सपना हो तुम
या हो कोई पहेली
इस पहचान की कोशिश में
ना जाने कितने जन्मों की रात है ढली।

चलते रहते हैं हम
मंजिल न जाने कितनी दूर,
हर वक्त प्रतीत होता है
तुम हो आसपास कहीं
पर हो नजर के परे, पहुँच से दूर।
क्यों लगता है सूना सा
ये संसार का मेला
किस रिश्ते से बंधी हे तुमसे
जीबन की डोर कि
छलकता रहता है विरह का प्याला।

गोपियों जैसा प्रेम नहीं है मुझमें
न कभी बन पाऊँ जैसे मीरा।
चाहे भक्तों की गिनती में
न आए कभी नाम हमारा।
पर लाखों की भीड़ में
मैं भी खड़ी हूँ सहमी सी
एक झलक पाने को
जन्मों से प्यासी, उदासी।।

शिथिल हो रहे हैं हर अंग
अब थकने लगे हैं नयन
दर्शन की आस है, आजाओ एक बार।
शायद छा जाए अभी आँखों में अँधेरा
शायद रुक जाएं ये कदम
अब दे दो जरा साथ
अपने ही कर्मों के नीचे दब रहीहूँ
अब तो बढ़ा दो हाथ।।

मिट्टी है, मिटता रहता है सब
बस तुम हो एक शाश्वत, अविनश्वर।
प्राण तुम जीवन के हो आधार,
तुम बिन जगत है निरर्थक, सब कुछ है जड़मय
पर तृषित क्यों है अब तक ये आत्मा
जब तुम हो, 'सागर अमृतमय'।।

■

अटूट रिश्ता

एक रिश्ता जो तुमसे है
बस वही अब तक कायम है।
बाकी तो सब वक्त के साथ
कँहा कँहा बिखर गए।

राह में चाहें कांटें थे या फूल
एक तुम ही साथ चलते रहे
बकिओं ने तो अपना अपना रास्ता चुन लिया।

अकेले कहाँ हैं हम
हवा के झोंकों में,
हर आवाज़ में,
रात के अंधेरे या दिन के उजाले में,
सिर्फ तुम हो जो हर वक्त साथ रहते हो
और कोई तो इस भीड़ में अपना, नजर नहीं आता।

किस्से किस्मत के क्या बयां करे
जब जब ठोकर खाकर गिरे
तब साथ छोड़ा अपनों ने,
वह तुम ही थे, जिसने हाथ बढ़ा कर
फिर से चलना सिखा दिया मुझे।

कौन हो तुम
क्या रिश्ता है हमारा तुम्हारा ?
किसका हिस्सा हैं हम इस दुनिया में ?
जो आगे गुजर गए इस राह पर
या जो पीछे चलेंगे हमारे ?

या फिर अनंत काल हो तुम, उसमें बस एक क्षण हैं हम
अनंत सागर हो तुम, बस एक बूँद ही हैं हम।
तुमसे उभरते हैं तुम में ही समा जाते हैं
मिटता नहीं रिश्ता कभी, ये अंतहीन है,
दुनिया के हर रिश्ते से गहरा है।

वापसी

अब तो बस लौटना है,
तुम चाहो तो इस रास्ते पर
थोड़ी दूर और साथ चल सकते हो।
पर अंत में मुझे तो अकेले ही
पार करना है वो आखरी पुल।

इस मोड़ से एक सपना सा नजर आती है जिन्दगी,
अतीत के धुंद में, खोई-खोई, लम्हो की जिन्दगी।
कितने चेहरे उभर आये, कितने खो गए,
साथ किसका मिला, हाथ किसका छूटा,
समझ न आया कौन जिया किसे,
मैने जिन्दगी को या जिन्दगी ने जिया मुझे।

क्या कोई कर्ज था जो उतारते चले गए ?
शायद कुछ फिर से समेट लिए।
जमाना चाहे लगाए मेरे कर्मों का कोई भी हिसाब,
पर तुम ना हो जाना उदास,
मुझे तो बस जाना है खाली हाथ,
शून्यता का खेल ये सब
यहाँ न कोई हारा न किसी की हुई जीत।

कभी फूलों की सेज लगी थी जिन्दगी,
कभी काँटों भरी थी राहें,

कभी खुल के हँसे तो
फिर कभी निकली हजारों आहें।
कुछ सुखद, कुछ दुखद, कुछ अनाकांक्षित
स्मृतिओं के ढेर पर बैठी हूँ में।
तुम चाहो तो इन में से थोड़े से
समेट कर रख सकते हो अपने पास।
पर मुझे तो ख़तम करनी है ये कहानी,
पढ़ लेना है इस आत्म कथा का आखरी पन्ना,
और मिटा के जाना है हर एहसास।

उबड़-खाबड़ थे रास्ते, गिरे हजार बार,
गिरते संभलते चले तो मंजिल निकल गयी कहीं दूर।
समय की धारा से,
बिना रुके हम तो चुनते रहे मोती,
फिर ये आँचल खाली क्यों है?
हाथ आयी बस मुट्ठी भर रेती।

अब जो जी रहा है मेरे नाम पर
वो में नहीं कोई और है,
परछाई सी गुजर रही है जिन्दगी
पहचान खो गई है।

अब किस से करे शिकायत यहाँ, करे गिला क्या?
ये कहानी तो ऐसी ही बननी थी
न कुछ पाया न कुछ खोया।

बिखरी पड़ी रहूँगी में
इन यादों की सुनसान रास्तों पे कहीं,
ऐ दोस्त! मुझे अब ना ढूँढना,
बस कभी गुजरो इन राहों पर तो जरा संभल के चलना।

■

भूली बिसरी यादें

तुम शायद भूल गए हो
मुझे भी कहाँ याद हे इतना।
कितनी पतझड़ों के नीचे
दबा हुआ अतीत,
किसी अधूरी कहानी की
अनचाही पाण्डुलिपि की तरह
धूल बटोरता हुआ अतीत,
वक्त गुजरता गया,
ना तुमने उलटाया होगा कोई पन्ना
ना मुझे भी कहाँ ख़याल आया ?

साथ बैठे
वह खामोश लम्हों को गुजरते हुए देखना,
वह बरसात की बूँदों के साथ अपने आँसूं भी पीना,
हरपल हरवक्त किसी के आसपास होने का वह एहसास
हम शायद भूल गये हैं
पर इस नासमझ दिल ने कुछ भी नहीं भूला।

देर तक खड़े रहे हम उस मोड़ पे
जहाँ अलग हुए थे रास्ते,
ना तुमने पलट कर देखा कभी
ना हम पुकार पाए
चलना तो था बस निकल पडे
टूटे सपनों को वहीं दफनाकर चल दिए।

ना शिकायत है कोई अतीत से
ना उम्मीद है किस्मत से
वीरान सा रास्ता है
थकने तक बस चलना है।
तेज है वक्त की रफ़्तार
किसे फुरसत है यहाँ
पीछे मुड़कर देखने की
उन मासूम यादों की गली में फिर से गुज़रने की।

आज भी याद न करते हम
ऐसी कोई चाहत ना थी ना था इरादा,
 पर आस पास किसी ने लिया प्यार का नाम इतना प्यार से कि
सुलगते अंगारों से फिर उठने लगा है धुँआ ।
तुम शायद भूल गए हो
पर ये दिल अब तक कुछ नहीं भुला पाया।।

∎

जिंदगी एक उलझन

वक्त को क्यों कहते हो
ज़रा ठहर जाने को
वह तो खुद को भी
मोहलत ना देता कभी।

दिल से सुकून की
उम्मीद क्यों करते हो
उसको तो आदत है
बेवजह बेचैन रहने की।

अब ख्वाहिशें इतनी हैं कि
एक जिंदगी काफी नहीं उसके लिए,
किसी और को थोड़ी खुसी मिले
चलो ऐसा कोई ख्वाहिश ढूँढ ली जाए।
राह की खूबसूरती पर क्या ग़ौर करें ?
मंज़िल तो अब चुन लेनी चाहिए।
गुमराह तो इंसान होते हैं
नदी तो सागर तक अपना
रास्ता बना लेती है।

वह रिश्ता क्या है
जिसे हर वक्त निभाना ही पड़ जाए
रिश्ता तो वह है जैसे खुदा के साथ
आँख बंद करके भरोसा करें
चाहें वह कभी नजर ही ना आए।

अजीब सी पहेली है ये दुनिया
जो पास है उस पर नजर नहीं जाती,
और वह जो आँखों से ओझल है
दिल उसके लिए तरसता है।

यहाँ पल में बिगड़ते हैं रिश्ते नाते
पल में मोड़ बदलती है जिंदगी
क्या गिला, क्या शिकायत करें किसी से
कौन बचा है इस उतार चढ़ाव से,
बस एक उलझन ही है ये जिन्दगी।

समेटने को क्या है यहाँ
कुछ साथ तो जायेगा नहीं
किसे पता क्या अच्छा, क्या बुरा
बस दिल पर बोझ कोई रहना नहीं।

कोशिश

आसान नहीं है,
वरना हम भी देख लेते
गाँधीजी या कलाम जैसा कोई सपना।
अच्छा होता अगर
ए मेरी आँख! तू भी
अपनी छोटी सी दुनिया के
दृश्य से कभी निकल पाती
कभी दूसरों के सपनों को
अपनी पलकों पर सजा लेती।
हर वक्त बस अपनी ही उदासी लिए
आँसुओं के उभार के पीछे छटपटाती हुई,
दया की किसी किरण को यूं तलाशती ना होती।

अब तो देख लें कुछ सपने,
क्या जाने कब सारे दृश्य ही समाप्त हो जाए,
शायद ये पलकें और ना उठ पाए,
क्या जाने किस वक्त ज्योति ही बुझ जाए।

आसान नहीं था,
नहीं तो हम भी भर लेते उड़ान।
सुनीता जैसा या बन जाते कल्पना चावला,
पर इस मन का क्या करें,

जो जिंदगी भर डर की चादर ओढ़े,
आसमान तो क्या
जमीं पर ही बस सँभल-सँभल कर चला।

समय के कंधे पर सवार,
ना चाहते हुए भी हम सब
दौड़ रहैं हें अंत की ओर।
अच्छा होता हम भी कोशिश कर लेते,
पंख फैलाने की, असीम को छूने की।

आसान होता तो,
हम भी अपने आँचल के छाओं में
आबाद कर देते हजारों जिंदगियाँ,
बन के देख लेते बिश्व- माता,
माँ टेरेसा जैसी।
पर इस दिल का करे क्या ?
जो अपने पराये की सोच से कभी ना उभर पाया,
कभी किसी के दर्द को अपना समझ ना पाया,
किसी गैर की मुस्कराहट में अपनी ख़ुशी कभी ना ढूँढ पाया।

अब तो ये मेरे दिल छोड़ दे चुन -चुन कर जीना,
खोल दे सारे दरवाजे,
क्या जाने कब बंद हो जाए तेरा धड़कना।

आसान नहीं है,
वरना हम भी निकल पड़ते
आत्मा की उस शिखर यात्रा पर,
जीवन्मुक्त हो जाते
जैसे महात्मा बुध: या आचार्य शंकर।

मानव जीवन हम ने भी पाया इस धरती पर,
जी रहे हैं उस पंचतत्व के ही आधार पर,
फिर क्या कमी है,
सत्य क्यों छुपा है
क्यों जकड़ा हुआ है जीवन
एक झूठी पहचान लेकर ?
आसान नहीं है शायद कुछ असामान्य कर जाना,
देह की दहलीज से ऊपर उठना,
प्रकाश की राह पर चलकर,
दूसरों को राह दिखाना।

आम सी जिंदगी है
फिर भी तो कठिन है यहाँ जीना
कदम -कदम पर सहम -सहम के है चलना।
अच्छा होता, हम भी ऊँचाई के ख्वाब देख लेते
गिर जाते तो क्या, मर के अमर तो हो जाते।

कोशिश अब भी जारी है मेरे दोस्तों
हर जाऊं तो भी गम नहीं,
क्या जाने कब हो जाए जीवन सफल
कब मिल जाए राह सही।

देरादून एक प्रेम कथा

कुछ तो खास है इन सर्द हवाओं में,
जब मुझे चुपके से छूकर निकल जाती हैं
तो यूँ लगता है,
कि जैसे बचपन की कोई सहेली मुझे छेड़ रही है।

ये चिडिओं की चहचहाहट, ये गुनगुनाते भँबरे,
ये खूबसूरत नज़ारे, फूलों की बहारें,
जो हर वक्त खिलखिलाकर कुछ कहते रहते हैं मुझसे,
देखो कितने मिलते-जुलते हैं मेरे भूले हुए सपनों से।

छम -छम नाचती हैं जब बूँदें मेरे आँगन में,
क्यूँ मेरे गाँव की मिट्टी की खुशबू साथ ले आती हैं ?
कुछ तो बात है यहाँ का सावन में,
जो मुझे अचानक यूँ ही रुला देता है।।

कुछ तो खास है इन हसीन वादियों में,
मेरे माँ के आँचल की तरह जो घेर लेता है
मुझे अपनी आगोश में,
ये कौन सी जगह है,
क्यूँ मुझे यहाँ इतने सुकून से नींद आती है ?

शायद इन राहों पर गुजरा होगा मेरा कोई अपना,
शायद किसीने मुझे यहाँ याद किया होगा इतना,
न जाने किस जनम का था वो बंधन,
प्यार मुहब्बत का, या फिर
था कोई ममता का आशियाना ?
कुछ तो बात है, मुझे लगता है ये सब
जैसे कोई देखा हुआ सपना।

ये चहरे जो मुझे घेरे हुए हैं
मुस्कुराहटें जो आँखों को छू रही है,
क्या राज है इन चमकते नैनों में,
जो मुझे भी सपने देखने को मजबूर कर रहे है।
कुछ तो खास जरूर है,
वरना अक्सर खामोश रहने वाले ये मेरे होंठ,
यहाँ क्यूँ इतना खिलखिलाकर हँस देते हैं ?

अब तो जाना है, जहाँ ले जाए ये कदम।
यादों को समेटे आँचल में फिर से चल पड़ेंगे हम।
पर मुझे तो लौटना है फिर एक बार,
न जाने कब, शायद कई जन्मों के पार।
पंछी बनके उड़ती फिरूँगी इन वादियों में कहीं
या मेरी सहेलियाँ !
हम फिर मिल जाएंगे किसी रूप में इन पहाड़ों में कहीं।
लौटना तो है मुझे,
क्यूंकि यहाँ सब कुछ खास है मेरे लिए,
मैं शायद भूल भी जाऊँ,
पर जिंदगी रोशन करती रहेगी इसकी यादों के दीये।

■

आवाहनी

आज पधारो हमारे आँगन में माँ!
खिल उठे कलियाँ, महके जीवन।
आज हटे सारे बादल दुखों के,
चमके सूरज, जग हो पावन।
आज पधारो हमारे आँगन में माँ!
खिल उठे कलियाँ, महके जीवन।

तुम ही हो माँ सबका सहारा,
तेरा आँचल सबका आसरा,
महिमा तेरी है अपरंपार
तू ही जगत की पालनहार,
आज भरदो (२) सबकी झोली ओ माँ!
जीवन पथ हो जाए आसान।
आज पधारो हमारे आँगन में माँ!
खिल उठे कलियाँ, महके जीवन।

तू जननी, तू ही कल्याणी,
दुर्गतिनाशिनी, अभयबरदायिनी।
तेरी कृपा से है संसार हमारा,
तेरी ज्योति से सारा जग उजियारा।
आज करदो (२) सबकि कल्याण ओ माँ!
जले ज्ञान दीप मिट जाए अज्ञान।

आज पधारो हमारे आँगन में माँ!
खिल उठे कलियाँ, महके जीवन।

तू ममता कि पावन सरिता,
पाप ताप से मुक्ति दाता,
जीवन नैया की तू पतवार
तेरे बिना ना हो भवसागर पार,
आज बरसा दो (२) करुणा कि धार ओ माँ!
धुले सारे पाप, खुल जाए बंधन।
आज पधारो हमारे आँगन में माँ!
खिल उठे कलियाँ, महके जीवन।

सतमार्ग पर हमें चलना सिखादो,
भटके हैं हम, हमे राह दिखादो।
तेरे चरण की धूल जो मिल जाए,
जीवन हमारा धन्य हो जाए।
आज सुनलो (२) अरज हम सब की ओ माँ!
सदा चरण शरण का मिल जाए वरदान।
आज पधारो हमारे आँगन में माँ!
खिल उठे कलियाँ, महके जीवन।

∎

परदेशी

उस अजनबी शहर के उजले गलियारों में
चलते चलते उम्र के हर पड़ाव पार करोगे तुम
पर कभी तो वह सुनसान रास्ते
अपने शहर की चहल पहल याद दिलाऐंगे तुम्हें।

स्वर्ग से सुन्दर उस शहर में
हर ख़्वाब को सच में बदलते हुए देखोगे तुम
पर कभी तो अपने देश की रंगीन नज़ारे
सपनों में दिखाई देंगे तुम्हें।

प्यार का साथ होगा वहाँ
हाथों में हाथ लिए दूर तक चलोगे तुम
पर कभी तो उंगली पकड़कर चलने बाला
वह बचपन याद आएगा तुम्हें।

यारों की महफ़िल वहाँ भी होगी
फुरसत में मनाओगे होली, दीवाली
पर जब भी त्योहारों की बात चलेगी
इस घर की याद तो आ ही जाएगी।
शायद होगी वहाँ पे ख़ुशहाली
पर ये महक होगी न ये रंगत,
गली में कहाँ नजर आएगी हर घर के आगे प्यारी सी रंगोली।

ऊँची उड़ान भरते रहोगे तुम
पर देखने वाला अपना न होगा कोई,
तालिओं की गूँज होगी शायद
पर ख़ुशी से रोने वाला आँख न होगी कोई।

ममता का आँचल सुना रह जाएगा
राह तकते थकेगी पिता की आँख
समय के बहाव में बह जाएगा सब कुछ
समेट न पाओगे मुट्ठी भर भी राख़,
एक ख़ालीपन रह जाएगा बस
कैसे भुला पाओगे उस गम को
उस दूर अजनबी शहर में भी वह न छोड़ेगा कभी साथ।

उम्र का आखिरी पड़ाव जब आएगा
जब कोई सपना ना बचा होगा आँखों में
न अपने होंगे वहाँ साथ
तब याद आये अपने शहर की तो
बेझिझक चले आना।
ये देश तो माँ है
बाँह पसारे अपना लेगी तुम्हें
चाहें तुम जितना भी बनो बेगाना।

∎

धोखे का सफर

मीठे शब्दों का जाल हो
या फिर हो झूठी मुहब्बत का पिंजरा,
फँस तो जाता है दिल बेचारा।
अब चाहें काट दो पंख
या गला घोंट दो
दर्द का घूँट पीने
के सिवाय बचता नहीं कोई चारा।।

एक इशारे पर तुम्हारे
तैयार तो थे सारे मरमिटने को
फिर तुम क्यूँ उदासी का मंजर सजाये बैठे हो ?
ऊब गया है दिल इस रिश्ते के खेल से तो क्या करें ?
इस धोखे की जड़ तो बहुत दूर तक गयी है।

हम से मत पूछो कि जीते कैसे हैं,
हम तो बहुत पीछे हैं इस दौड़ में।
उनसे पूछो जिन्हे ज़माने ने
कामयाबी का ताज पहनाया है।

चाहे अलग बनालो धरती अपनी
या आसमान का रंग ही बदल दो
फरक क्या पड़ता है किसी को
यहाँ सब अपने अपने हिसाब में लगे हुए हैं।।

जो दीख रहा है वह सच नहीं है
जो नहीं दीखता वही सत्य है,
हमें राह की क्या खबर
हम तो अंधेपन में ही जीते हैं।

कभी दु:ख में रोए कभी सुख में हँसे
कभी किस्मत के बहाव में बह गए कहीं,
योगी बन कर ढूँढे क्या
जब दिल को भोग से फुरसत नहीं।।

तुम होते तो

अब भी याद है वो आँखों की चमक,
अब भी कभी हवा में घुल जाती है वो साँसों की महक
इतने सालों की आँधी में भी
रोशनी जरा सी भी कम नहीं हुई
एक लौ की तरहा जलती रही दिल में कहीं।।

तुम साथ होते तो
बात कुछ अलग सी होती,
सूरज हो तुम
सारा आलम तुमसे ही रोशन होता
पर तुम्हारी मौजूदगी में
वो दिया शायद नजर नहीं आता।।

ना ये चुभन होती
ना कसक होती
यूँ अकेले छुप कर
यादों में खोना नहीं होता।

तुम होते तो, रात अकेली
अँधेरी दिवाली ना होती
हर तरफ प्यार का उजाला होता
पर प्यार 'पूजा' ना होती।।

अब कहाँ फ़रक पड़ता है,
साथ होने या ना होने का
अब तो आँसू ने भी साथ छोड़ दिया
इन पलकों का।
बस एक ठहराव सा है हर तरफ
कोई शब्द भी गूँजता नहीं कहीं
ख़ामोशी का साया है
जैसे हवा भी चलना भूल गयी।

तुम होते तो बात कुछ अलग सी होती
बाँहों का सहारा होता,
बहारों का मौसम होता,
चहल पहल होती
छोटे से घोंसले में
हम अपनों के सपनो में खो गए होते।

तुम साथ होते तो
सारा जहाँ हमें मिल गया होता
पर पतझड़ में बहार के
इंतजार का वो दर्द ना होता,
प्यार में सुलगते रहने की वो तड़प ना होती
सब कुछ मिल जाता पर जीवन 'तपस्या' न होती।।

सवाल

तुम जैसा कोई होता तो
तुमसे ये सवाल जरूर करता
वादा करके मुक़र जाने का
इरादा क्या पहले से था ?

हम तो समझते रहे की तुम बेबस थे,
पर सच तो यह है कि बस खुदगर्ज ही थे।
चुप रहने की आदत है हमें, कुछ ना कह सके,
पर तुम जैसा कोई होता
तो ये सवाल जरूर करता,
भोलेपन की मुखौटे के पीछे
एक चतुर दिमाग कैसे छुपा रखे थे।

क्यों खड़ी करते हो
नफरत की दिवार और
यहाँ गम के पहाड़ों की कमी तो नहीं।

कुछ कहते नहीं,
ये मत समझ लेना की मंजूर है हर ज्यादती
ये अलग बात है हमें
कीचड़ में उतरने की आदत नहीं।

वक्त गुजर जाता है तेजी से तो जाने दो
क्या रखा है इस दौर में और ठहर कर देखने को।

हम तो प्यार में जीते रहे
मर भी जाएंगे प्यार में हि
तुम्हें मुबारक हो नफ़रत की दुनिया
हमें उससे कोई वास्ता नहीं।

ऊँची इमारत से सबको जमीं नजर नहीं आती,
हर किसी को दूसरों की आह सुनाई नहीं देती।
अब तुम्हारे जैसा कोई ऊँचा बोलने वाला होता,
तो सवाल जरूर करता।
किस बात का घमंड है ?
जब बदलते वक्त के आगे
किसी का भी जोर नहीं चलता।।

दर्द

तुम क्या देख सकोगे आँसुओं को हमारे
जब ये दिल टूटता है
लहू जिगर से निकलता है
पानी का क्या है,
वो तो पलकों के पीछे ही सूख जाता है।

क्या समझोगे दर्द हमारा,
टूट कर बिखर जाता है
सुब कुछ अंदर, पर
आवाज बाहर सुनाई ना देती।

अब क्या बयां करे आप -बीती अपनी
दर्द इतना है कि
हर कोई समझता है
इसे एक झूठी कहानी।

एक एहसान अब हम पर करो
खामोश रहने दो हमें
कुछ सुनने की जिद मत करो।
कहीं ऐसा ना हो जाये,
होंठ तो हिलेंगे जरूर
पर बस सिर्फ आह ही निकल पाए।

जो भी गुजरा इस रास्ते से
घायल करके चला गया,
कहने को तो अपने थे सारे
पर सब ने दिल पे वार किया।

मरहम क्या लगाओगे तुम
इन घावों पर आज,
दवा काम ना आएगी,
रोग जो लगा है वो तो
 बस जायेगा मेरे साथ ही।।

मौसम की बारिश भी अब
हम पर असर नहीं करती,
सूखे होते तो बात अलग थी
जल कर राख जो हुए हैं।।

जीने के लिए सर झुकाया बार बार
अब और न झुकाओ मुझे ए जिंदगी,
अब मौत भी आजाये और सर झुका रहे
ऐसी जीना हमें मंजूर नहीं।।

अब जाने भी दो कुछ मत कहना
हो सके तो एक दीपक मेरे नाम पे जला देना,
ये जिंदगी कुछ काम ना आया,
मरने के बाद शायद थोडी रोशनी तो दे सकूँ।।

कुछ लम्हों की कहानी

आँखों में जो था
उसे जुबां पर आने ना दिया
अब वह शरारत थी या मुहव्वत
कभी समझ में ना आया।
कुछ तो खास था जो खुशबू की तरहा
आँखों से हो कर दिल में उतर गया,
ठंडी हवा का झोंका था जो
एक पल के लिए तन मन को छूकर निकल गया।

होंठ खामोश रहे वक्त भी ठहर सा गया
बस कुछ लम्हों की बात थी
पर असर उम्र भर रह गया।

ना वक्त ने मोहलत दी
ना किस्मत का मिला साथ
कुछ उनको डर था ज़माने का
कुछ हम भी सहमे हुए थे,
नजर झुकी रही
जुबां पे ना आ सकी दिल की बात।

अब तो रास्ता बदल के चलते हैं हम
कहीं उन से सामना ना हो जाए,
शायद आँख भर आए कभी
कहीं जुबां से आह ना निकल जाए।

कभी हाथों की लकीरों में ढूँढ़ते हैं उनको
कभी परछाई सा आईने में नजर आता है वह चेहरा,
बस एक एहसास ही तो है,
पल में आता है पल में गायब होता है।

पर जब भी दिल के तार पर
बजती है प्यार की वह मधुर धुन,
मदहोशी सी छा जाती है,
खुशनुमा हो जाता है सारा आलम।
मिलने की ख्वाहिश किसे है यहाँ
वहम ही सही,
जीने के लिए काफी है
उस याद की एक ही शाम।।

रिश्ता

क्यों खड़ा करते हो बार बार कटघरे में
हम तो ऐसे ही हारे हुए हैं
डर तो ये है कि हमे हराने की जिद में
तुम्हारी हिम्मत ना टूट जाए।।

सजा की बात करते हो
गुनाह तो बता दिया होता
जिंदगी सजा बन गयी है,
मौत तो कहीं बेहतर होती।

ना पूछो हम से
क्या दिया क्या ना दिया तुम्हें
हम वह जमीन हैं जिस पर
तुम अब तक खड़े रहे,
हम वह हैं जिस पर पैर रख कर
तुम इतनी ऊंचाई पर चढ़ गए।।

सबूत क्या माँगते हो प्यार का अब
क्या वह काफी नहीं था
जब सरेआम कत्ल हुए तुम्हारे हाथ
होठों से उफ़ तक भी ना निकला था।।

गैरों से क्या पूछते हो के हम कौन हैं
दिल है तो जरा उसमें झाँक कर देख लिए होते
जमाना कुछ कहे ना कहे
सच तो ये है कि हम ना होते तो तुम कहाँ होते ?

प्यार का आशियाना सजाया था हमने
नफ़रत की आग ने राख कर दिया
क्या देंगे तुम्हें और हम
अब दुआ के सिवाय कुछ ना बचा
बिन माँगे जिंदगी निछाबर कर दी
अब हम बस लेते हैं विदा।।

उजड़ा हुआ चमन

आँखों में एक सपना था,
साथ भी अपनों का था।
हम चले तो संग चलने लगे चाँद सितारे,
मुस्कुराये तो खिल गए राहों में फूल सारे।

हमने सजाई थी यहाँ छोटी सी दुनियाँ,
जहाँ प्यार महकता रहा खुशुबू की तरह।
ये धरती हमारी थी चमन भी हमारा,
न कोई गैर था न दुशमन,
यारों की महफ़िल थी
बड़ा ख़ूबसूरत था नजारा।

क्या वो सच था ?
या कोई ख्याल था अपना,
आँख खुली तो अब लगता है
जैसे कोई भूला हुआ सपना।

कहाँ खो गये वो रिश्ते नाते,
प्यार, वो मुहब्बतें।
जो सुख -दु:ख हमने हैं बाँटे,
जो मुश्किल की घड़ियाँ हमने मिलकर काटीं,
वो हँसना -हँसाना, वो साथ -साथ चलना,
अब ये कौन सी जगह है दोस्तो
जहाँ हर चेहरा लगता है अन्जाना ?

अब यहाँ से कहाँ जायें हम,
न कोई मंजिल, न कोई आसरा
ये नफ़रत की आँधी, ये मौत का नजारा,
कोई तो जलाओ दीपक यहाँ
हर तरफ है अँधियारा।

दम घुटने लगा है,
साँस रुकने लगी है
अब मुश्किल है सहना।
अपने रूठे, सपने टूटे
हर कदम पे है आँसू पीना।

दूर कोई ले चलो हमें, ये नहीं है हमारी दुनियाँ,
ये धरती अब भी हमारी है, आसमाँ भी हमारा
पर हमें भाता नहीं यहाँ जीना।।

■

मेरा देश

साथी मेरे ! बात थी साथ चलने की,
हाथों में हाथ लिये
कदम से कदम मिलाते हुए,
जीवन की सरहद तक
वादा था साथ निभाने का।

हमें सींचना था इस चमन को,
रंगों से भरे इस उपवन को
हमने दिल की भाषा को आँखों में उतार कर पढ़ा,
पर कुछ ऐसा दौर है आया
नफ़रत की घटा कुछ ऐसी छायी,
चाहकर भी न कुछ हम बोल पाए,
ना तुम भी कुछ कह पाए,
जुबान पर खामोश रह गयी दिल की बात
बेखबर रहे हम, कब अलग हुई राहें,
कब छूट गया हाथों से हाथ।

अब ये कहाँ आ गए हम
जहाँ आँसू के सिवाय कुछ भी नहीं।
यहाँ कोई सपना बचा न कोई अपना,
जहाँ डराती है हमे अपनी ही परछाई।

चलो अब लौट चलें,
पार कर हर दिवार
चलो उजाले की ओर चलें,
सूरज न बन पाए तो क्या,
दीपक बन रह दिखा चलें।

हमें कसम है उस चमन की,
खिलने वाली हर एक नन्ही कली की,
आज फिर दिल में बसालो
प्यार और एकता का एहसास,
न कभी टूटे हमारी आस
राहें अलग सही,
हम फिर मिलेगें मंजिल के पास।

■

2008

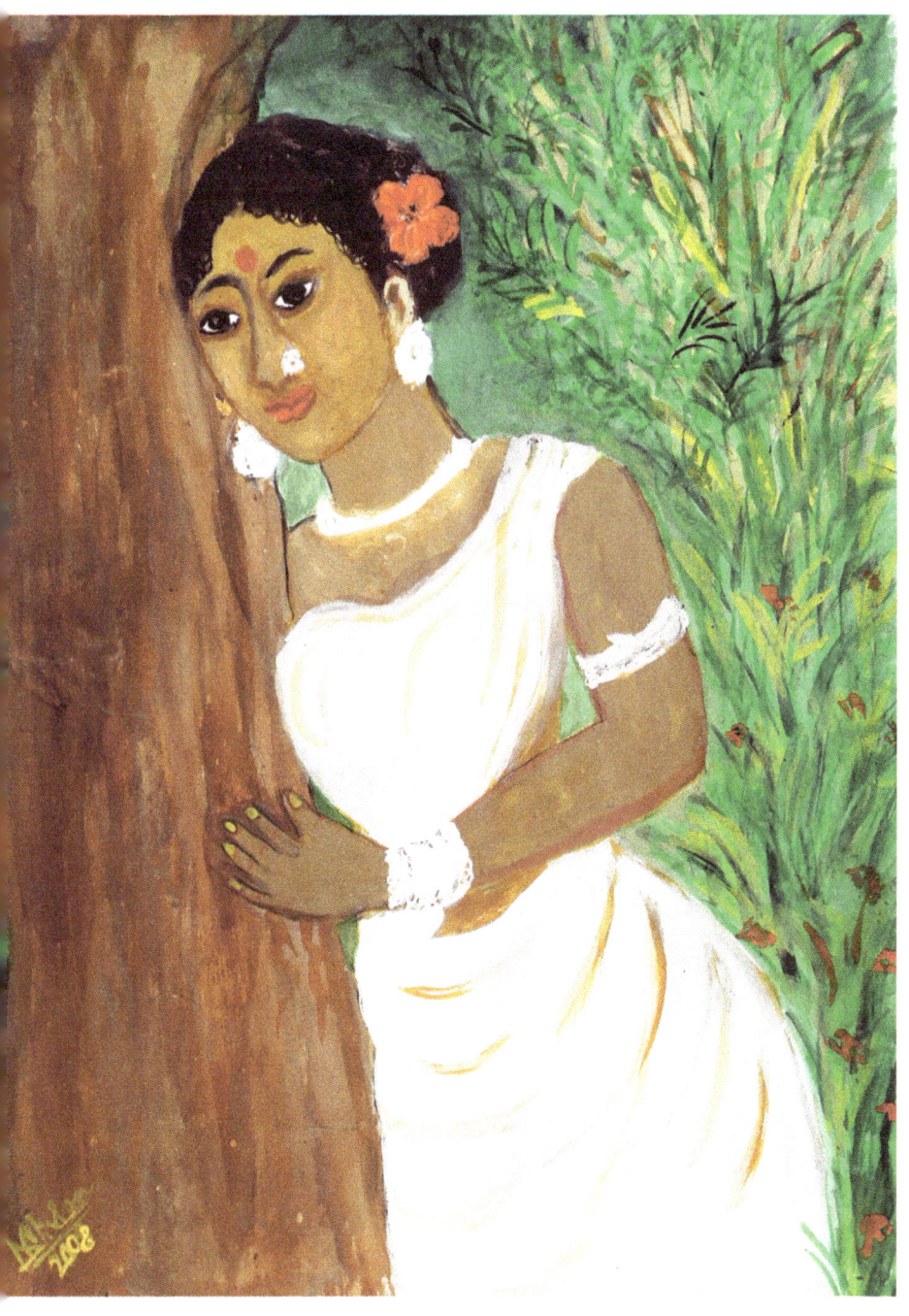

तन्हाई

शहर, शहर गली गली ढूँढा उसे
हर अजनबी की आँखों में झाँका उसके लिए,
एक झलक शायद मिल जाए कहीं
शायद वह आवाज़ फ़िर से सुनाई दे कहीं।
पर वह तो खुशबू की तरह हवा में घुल गया कहीं
एक अधूरी ख़्वाब की तरह आँखों से ओझल हो गया यूँ हीं।

ना गले लगा सके, ना कुछ बोल पाए
मुड़ कर भी ना देखा उसने
सारे सपने उस मोड़ पे ग़ायब हो गए।
दूर खड़े देखते रह गए हम
आँसुओं को छुपाना था, पर नाकामयाब रहे।

कभी तन्हाई में उसकी
खुशबू को साँसों में भर लेती हूँ
कभी भीड़ में हाथ पकड़ कर चलने के
एहसास को दिल में उतार लेती हूँ।
दर्द बन कर जो सीने में बस गया कहीं,
छुपाने से छुपता नहीं
आँखों में नजर आही जाता हे यूँ हीं।

दिल को शिकायत है
प्यार के बदले प्यार ना मिला
आँखों को शिकायत है
आँसुओं की सिवाय कुछ ना मिला।
होठों को शिकायत है के
खुल के बोलने ना दिया कभी उन्हें,
अब उनको शिकायत हमारे जज़बातों से।

कुछ सवाल थे जिनके जवाब ना मिले कभी,
कुछ तमन्नायें थीं जो पूरी ना हुईं कभी।
अब सुख है ना दु:ख है
बस तन्हाई का आलम है।
घटा सावन की हो,
या उदासी की
आजकल चाँद भी नजर नहीं आता कभी।

सीख

उसकी बेवफ़ाई के गम ने मजबूत बना दिया हमें।
अगर मोहब्बत होती तो क्या क्या न बन जाते।
आँखों को आदत थी सपनों की, जागते हुए भी सोती रहीं,
आँसुओं की बौछार न होती तो सच्चाई साफ नजर कँहा आती।

जो राह में मिल गया कोई, वह तो अपने रास्ते चल रहा था,
ठोकर खाकर हम गिरे तो उसका कसूर क्या था ?
गिर के संभले बार बार तो क्या हुआ, चलना तो सीख गए,
अच्छा हुआ हाथ न बढ़ाया किसी ने,
खुद पे भरोसा करना सीख गए।

शुक्र है दोस्त तुम्हारा, जो दर्द का घूँट पीला दिया,
संसार का रोग जो लगा था दर्द ने ही दवा का काम किया।

यहाँ हर किसी को शिकायत है जिंदगी से,
मेरे हिस्से में गम थोड़ा ज्यादा आया तो क्या हुआ ?
हर ख्वाब अगर किस्मत से पूरा होता
तो अपने दम पे जिंदगी सँवारने का
हुनर हासिल कँहा से होता ?

जो बाकी है कसर वह भी पूरी कर लेंगे हम,
जिंदगी के इम्तिहान में हार कर ना जाएंगे हम।
चाहे आसमान छूने की इजाजत न मिले हमें,
उड़ने की हिम्मत तो रखते हैं हम।

पुकार

क्या डर है जो चुप रहते हो हर बार,
क्या बिबशता है कि आँख झुका लेते हो बार-बार।
जब भी बात चलती है तुम्हारी,
क्यों रास्ता बदल लेते हो,
खुद को छुपाते हो खुद से,
क्यों इतनी जल्दी मान जाते हो हार ?

इस पड़ाव पर जो है आसपास,
जिसे मानते हो अपना,
वो तो बस भ्रम है
जैसे कोई चलता हुआ सपना।

आज तक जो कुछ द्रिश्य था या अद्रुश्य,
सब कुछ तो असत्य ही निकला।
किसके भरोसे जीते हो
यहाँ हर कोई है बेहद अकेला।

अपनी परछाई को अपना अस्तिव न समझना,
पट्टी तो बाँध लोगे आँखों पर,
पर कब बन्द होगा मन का देखना ?

यहाँ हम जितने भी हैं, शोक में डूबे हुए,
मोड़ पे रुके हुए अर्जुन,
सुन लो आत्मारुपी कृष्ण की पुकार
उठो, जागो खुद को पहचानने की
अब कोशिश करो एक बार।

कोई न बताए हमें, हम कौन हैं,
हम वह हैं जो अपने ही दम पे सँवारते हैं जीवन,
हम चुन लेते हैं अथल सागर से मोती,
पार कर जाते हैं आकाश की सीमा,
और कभी कभार ढूँढ भी लेते हैं निर्बाण।

अब भी वक्त है कह दो, जो कहना था
कुछ हासिल करलो जो खुद के लिए करना था,
युगों से पैरों में जकड़ी हुई जंजीर है,
अब उतार कर फेंक दो,
घायल पंखों को उठाओ और उड़ान भर लो।

तुम्हे हक है आसमान छूने का,
तुम्हे हक है दिगन्त को पार करने का
अभी भी समय बाकि है
अपनी पहचान बनाने का।।

एक किस्सा प्यार का

कहना होता तो कब का कह देते सारा किस्सा
पर ये अलग बात है कि हमें आदत नहीं है
सरे आम बयां करने की।
और तुम्हें आदत नहीं है चुप रहने की।

बरबाद हो गए हैं प्यार में तो क्या हुआ ?
मुहब्बत में हम तो जान देने की हिम्मत रखते हैं।
ये अलग बात है हमें आजमाने की हिम्मत नहीं थी तुममे।
जरा सा काँटा क्या चुभ गया नाजुक पैरों में
तुमने तो रास्ते ही बदल दिए।
ये अलग बात है हम तो काँटों पे चलकर रास्ता बनाते हैं।
गम नहीं की साथ न चल पाए
गम इस बात का है कि तुम हमें कभी समझ ना पाए।

अब भी रह रहकर तड़पाती है
उस नाकामयाब रिश्ते की चुभन
हम तो मिट गए, अफसोस है,
हाथ भी ना उठा तुम्हारा एक दुआ के लिए
ये अलग बात है, गलतियाँ तुमसे कँहा कम हुईं है ?

आबाद रहो तुम, हम रहें ना रहें
जश्न मनाओ हमारी बर्बादी का जितना भी चाहे
दिल तोड़ने वाले बहुत हैं इस ज़माने में
ये अलग बात है प्यार कभी मिटता नहीं है
मर के भी दुआ माँगेंगे तुम्हारे लिए।।

ग़म की बात अब रहने दो

बात ग़म की बहुत हो गयी
आओ चलो कोई ख़ुशी की बात की जाए
मेला तो उठने वाला है
अब थोड़ा हँसके जीने की कोशिश की जाए।

पर हँसी की कीमत क्या है ?
जब बाँटने बाला कोई नहीं,
बेदर्द ये दुनिया है,
यहाँ तो सब दूसरों के आँसुओं पे ही जीते हैं।।

ज़िन्दा रहने की ज़िद ने रुलाया बहुत है,
हर एक साँस की भारी कीमत चुकानी पड़ी है।
रिश्तों में उलझे रहे वक्त बर्बाद किया
रिश्ता ईश्वर से जुड़ जाता तो आबाद हो जाते।।

हँसने की कोशिश जब जब की
ये आँसू ना जाने कहाँ से आ गए,
हमें रोने का शौक नहीं पर, शायद
ग़म को हमसे बहुत लगाव है।।

सब मुसाफिर हैं यहाँ
बस रात भर का है साथ,
कल तुम चलोगे अपने रास्ते
हम ढूँढ लेंगे कोई नया ठिकाना।
अकेले आना, अकेले जाना
रिश्तों का यहाँ क्या काम ?
कौन हैं अपना इस सपने में
चाहे कुछ भी रख दो रिश्ते का नाम।।

मुझसे मत रूठो ए जिंदगी,
थोड़ा और साथ दे दो,
ख़ुशी तो ढूँढ लूँ ज़रा
कहते हैं की अपने अंदर
है उसका बसेरा।।

अब फ़िक्र किस बात की
जब इतनी दूर निकल आए
ग़म की बात अब रहने दो
चलो थोड़ा हँसकर जिया जाए।।

■

बदलाव

वक्त के साथ चलते चलते
बहुत बदलाव देख लिए इन आँखों ने,
अब देखने को बाकी क्या रह गया है ?
आज कल मैं आँख मूँद कर
अपने अंदर झाँकने की कोशिश करती हूँ,
लोग कहते हैं की मैं खुदग़र्ज़ हो गयी हूँ,
मुझे अपनों का सुख दुःख नजर नहीं आता है।

कहने को भी क्या बचा है अब
दिल से सुनने वाला कौन है यहाँ ?
हर कोई अपनी बात सुनाने में व्यस्त है,
तो आज कल में अक्सर खुद से बातें करती हूँ,
और लोग कहते हैं कि मैं चुप रहा करती हूँ।

इस भीड़ में कोई दोस्त
मुश्किल से नजर आता है आज कल,
अच्छा लगता है जब मैं खुद के साथ समय बिताती हूँ।
लोग कहते हैं की मैं अकेलेपन का शिकार हो गयी हूँ।

अब मैं आगे निकल जाने की किसी भी
दौड़ में शामिल नहीं होती हूँ।
अपनी रफ़्तार से चलने के
सुकून में जीती हूँ।
पर लोग कहते हैं की मैं उम्र के चलते थक गयी हूँ।।

यकीन कर लो,
हिम्मत तो अब आई है
ज़माने की नहीं, दिल की सुनने की।

गिरने का डर अब सताता नहीं है
हिम्मत आ गयी है अकेले चलने की।
आज कल मैं सपने देखा करती हूँ,
खुद से बात करती हूँ, खुद में मस्त रहती हूँ।
अब लोग कहते हैं की मैं सठिया गयी हूँ।

गुड़िया के लिए लोरी

निँदिया रानी बड़ी सयानी, धीरे-धीरे आए।
मेरी गुड़िया की नन्हीं पलकों को चुपके से छू जाये।

परियौँ के देश में ले जाये निँदिया तारों की झिलमिल राहों में,
हलकी- हलकी खुशबु हवा में गुड़िया को सहलाये,
परियाँ सारी लोरियाँ गायें कोई कहानी सुनाये,
चंदा के देश में किरणों की सेज में गुड़िया को नींद आये।

निँदिया रानी बड़ी सयानी, धीरे- धीरे आए।
मेरी गुड़िया की नन्हीं पलकों को चुपके से छू जाये।

सतरंगी सपनों में तितलियाँ झूमें, कलियाँ मुस्कुरायें,
छम-छम, छम-छम गाते हैं झरने, पंछीयाँ भी गुनगुनायें।
घटा के छाओं में, सपनों के गाँवों में इंद्रधनुष भी छाये,
बादल के झूले में, निंदिया की गोद में गुड़िया रानी सो जाये।

निँदिया रानी बड़ी सयानी, धीरे- धीरे आए।
मेरी गुड़िया की नन्हीं पलकों को चुपके से छू जाये।

■

मुन्ने के लिए लोरी

आजा री निँदिया तू धीरे से आ,
मुन्ना मेरा सो जाये तो फिर, और कोई गली जा।

प्यारा सा मुखड़ा है, चाँद का टुकड़ा है,
माँ की आखों का है तारा।
हँसे तो खिलखिला उठें सब कलियाँ,
सो जाये तो सोये जग सारा।
ममता के छाँओं में सपनों के झूले में
मुन्ना को झूला झुला जा।
मुन्ना मेरा सो जाये तो फिर, और कोई गली जा।

आजा री निँदिया तू धीरे से आ,
मुन्ना मेरा सो जाये तो फिर, और कोई गली जा।

इस आँगन का फूल है वह,
प्यार की बरसात करना,
कोमल पाँवों में, कठिन राहों में,
उसको तो है अब चलना।
जीवन में ना आए कोई निराशा,
मीठे सपनों की दुनियाँ सजा जा।
मुन्ना मेरा सो जाये तो फिर, और कोई गली जा।

आजा री निँदिया तू धीरे से आ,
मुन्ना मेरा सो जाये तो फिर, और कोई गली जा।

■

BLACK EAGLE BOOKS

www.blackeaglebooks.org
info@blackeaglebooks.org

Black Eagle Books, an independent publisher, was founded as a nonprofit organization in April, 2019. It is our mission to connect and engage the Indian diaspora and the world at large with the best of works of world literature published on a collaborative platform, with special emphasis on foregrounding Contemporary Classics and New Writing.

www.ingramcontent.com/pod-product-compliance
Lightning Source LLC
Chambersburg PA
CBHW061210070526
44583CB00025B/3188
9781645603900